Anja Böttinger

Schritte PLUS ALPHA NEU 1–3

Deutsch im Alpha-Kurs
Deutsch als Zweitsprache

Schreibschriftheft

Hueber Verlag

Cover: © GettyImages/E+/Halfpoint

3. 2. 1. | Die letzten Ziffern
2024 23 22 21 20 | bezeichnen Zahl und Jahr des Druckes.
Alle Drucke dieser Auflage können, da unverändert, nebeneinander benutzt werden.
1. Auflage

Umschlaggestaltung: Sieveking · Agentur für Kommunikation, München
Redaktion: Ingo Heyse, Hueber Verlag
Layout und Satz: Sieveking · Agentur für Kommunikation, München
Druck und Bindung: Friedrich Pustet GmbH & Co. KG, Regensburg
Printed in Germany
ISBN 978-3-19-121452-4

Art. 530_24738_001_01

Inhalt

1 Buchstaben

A B C

Schreiben Sie.

A *A* *A*

a *a* *a*

A *a*

B *B* *B*

b *b* *b*

B *b*

C *C* *C*

c *c* *c*

C *c*

Schreiben Sie.

D *D* *D*

d *d* *d*

D *d*

E *E* *E*

e *e* *e*

E *e*

F *F* *F*

f *f* *f*

F *f*

1 Buchstaben

G H I

Schreiben Sie.

G *G* *G*

g *g* *g*

G *g*

H *H* *H*

h *h* *h*

H *h*

I *J* *J*

i *i* *i*

J *i*

Schreiben Sie.

J *J* *J*

j *j* *j*

J *j*

K *K* *K*

k *k* *k*

K *k*

L *L* *L*

l *l* *l*

L *l*

MNO

Schreiben Sie.

M *M* *M*

m *m* *m*

M *m*

N *N* *N*

n *n* *n*

N *n*

O *O* *O*

o *o* *o*

O *o*

Schreiben Sie.

P *P* *P*

p *p* *p*

P *p*

Q *Q* *Q*

q *q* *q*

Q *q*

R *R* *R*

r *r* *r*

R *r*

Buchstaben

S T U

Schreiben Sie.

S S S

s s s

S s

T T T

t t t

T t

U U U

u u u

U u

Schreiben Sie.

V *V*

v *v*

W *W*

w *w*

X *X*

x *x*

1 Buchstaben

Y Z Ä Ö Ü

Schreiben Sie.

Y *Y* *Y*

y *y* *y*

Y *y*

Z *Z* *Z*

z *z* *z*

Z *z*

Ä *Ä* *Ä* *ä*

Ö *Ö* *Ö* *ö*

Ü *Ü* *Ü* *ü*

Schreiben Sie.

der Stift der Stift

das Heft das Heft

das Buch das Buch

die Tasche die Tasche

die Schere die Schere

die Übung die Übung

der Ordner der Ordner

die Unterschrift

die Unterschrift

der Radiergummi

der Radiergummi

2 Wörter

Familie

Schreiben Sie.

die Mama die Mama

der Papa der Papa

die Oma die Oma

der Opa der Opa

der Sohn der Sohn

die Tochter die Tochter

die Mutter die Mutter

der Vater der Vater

die Tante die Tante

der Onkel der Onkel

der Bruder der Bruder

die Schwester die Schwester

Schreiben Sie.

das Sofa das Sofa

das Bett das Bett

das Foto das Foto

die Küche die Küche

der Stuhl der Stuhl

der Sessel der Sessel

das Regal das Regal

die Lampe die Lampe

das Radio das Radio

die Dusche die Dusche

das Fenster das Fenster

der Schrank der Schrank

2 Wörter

Stadt

Schreiben Sie.

die Post die Post

der Park der Park

das Café das Café

die Bank die Bank

das Haus das Haus

das Kino das Kino

die Schule die Schule

das Rathaus das Rathaus

der Kindergarten der Kindergarten

das Schwimmbad

das Schwimmbad

Schreiben Sie.

der Bus der Bus

der Zug der Zug

das Rad das Rad

das Taxi das Taxi

das Auto das Auto

die S-Bahn die S-Bahn

die U-Bahn die U-Bahn

der Bahnhof der Bahnhof

2 Wörter

Obst und Gemüse

Schreiben Sie.

das Obst das Obst

der Apfel der Apfel

die Banane die Banane

die Zitrone die Zitrone

die Ananas die Ananas

der Pfirsich der Pfirsich

das Gemüse das Gemüse

der Salat der Salat

die Tomate die Tomate

die Paprika die Paprika

die Zwiebel die Zwiebel

die Kartoffel die Kartoffel

Schreiben Sie.

das Ei das Ei

das Eis das Eis

die Nuss die Nuss

der Käse der Käse

die Butter die Butter

der Quark der Quark

das Müsli das Müsli

die Nudeln die Nudeln

der Kuchen der Kuchen

das Brötchen das Brötchen

Berufe

Schreiben Sie.

der Koch der Koch

der Maler der Maler

der Kellner der Kellner

die Lehrerin die Lehrerin

die Bäckerin die Bäckerin

der Erzieher der Erzieher

die Friseurin die Friseurin

die Busfahrerin die Busfahrerin

Schreiben Sie.

der Taxifahrer der Taxifahrer

die Elektrikerin die Elektrikerin

die Verkäuferin die Verkäuferin

der Kosmetiker der Kosmetiker

die Mechanikerin

die Mechanikerin

der Krankenpfleger

der Krankenpfleger

2 Wörter

Wochentage

Schreiben Sie.

Montag Montag

Dienstag Dienstag

Mittwoch Mittwoch

Donnerstag Donnerstag

Freitag Freitag

Samstag Samstag

Sonntag Sonntag

der Tag der Tag

die Woche die Woche

Schreiben Sie.

Januar Januar

Februar Februar

März März

April April

Mai Mai

Juni Juni

Juli Juli

August August

September September

Oktober Oktober

November November

Dezember Dezember

der Monat der Monat

2 Wörter

Tiere

Schreiben Sie.

die Kuh die Kuh

die Ente die Ente

der Esel der Esel

das Pferd das Pferd

der Fisch der Fisch

der Vogel der Vogel

der Hund der Hund

die Katze die Katze

das Schaf das Schaf

die Maus die Maus

das Huhn das Huhn

der Elefant der Elefant

Schreiben Sie.

die Hose die Hose

der Rock der Rock

die Jacke die Jacke

die Bluse die Bluse

der Schal der Schal

das Kleid das Kleid

das Hemd das Hemd

der Schuh der Schuh

der Pullover der Pullover

das Kopftuch das Kopftuch

2 Wörter

Freizeit

Schreiben Sie.

lesen lesen

tanzen tanzen

kochen kochen

schwimmen

schwimmen

Musik hören

Musik hören

Sport machen

Sport machen

spazieren gehen

spazieren gehen

Fußball spielen

Fußball spielen

Schreiben Sie.

der Arm der Arm

der Fuß der Fuß

die Nase die Nase

der Hals der Hals

das Bein das Bein

der Kopf der Kopf

die Hand die Hand

das Haar das Haar

der Bauch der Bauch

der Finger der Finger

der Mund der Mund

der Rücken der Rücken

Geräte

Schreiben Sie.

der Computer der Computer

der Fernseher der Fernseher

der Kühlschrank

der Kühlschrank

die Spülmaschine

die Spülmaschine

die Waschmaschine

die Waschmaschine

Schreiben Sie.

Ich heiße ...

Ich heiße

Ich wohne in ...

Ich wohne in

Ich komme aus ...

Ich komme aus

Ich bin ... Jahre alt.

Ich bin Jahre alt.

Meine Adresse ist ...

Meine Adresse ist

3 Sätze

Das bin ich.

Schreiben Sie.

Ich esse gern ...

Ich esse gern

Ich trinke gern ...

Ich trinke gern

Ich spiele gern ...

Ich spiele gern

Ich spreche ...

Ich spreche

Ich habe ein Kind / keine / 2 / 3 Kinder.

Ich habe

Lesen Sie und schreiben Sie die Einkaufsliste.

Einkaufsliste
Eis
Paprika
Zwiebeln
Brötchen
Erdbeeren

Einkaufsliste

Lesen Sie und schreiben Sie die Einkaufsliste.

Wir brauchen: Milch, 4 Tomaten, 8 Eier, Butter und Kartoffeln.

Einkaufsliste
Milch

Termine

Lesen Sie und schreiben Sie die Termine.

Termine
Montag, 13 Uhr:
Arzt
Dienstag, 20 Uhr:
Kino
Freitag, 14 Uhr:
Sport

Termine
Montag, 13 Uhr:
Arzt

Lesen Sie und schreiben Sie die Termine.

Am Montag um 18 Uhr kommt Tante Rosi. Der Tanzkurs ist am Mittwoch um 19 Uhr. Am Samstag spiele ich um 15 Uhr Fußball.

Montag, 18 Uhr: Tante Rosi

Lesen Sie und schreiben Sie die Informationen.

Liebe Eltern,
wir machen am 15. Mai
einen Ausflug nach Hamburg.
Alle Kinder sind um 8:30 Uhr
vor der Schule. Die Kinder sind
um 16:00 Uhr zurück.
Frau Herbst

Der Ausflug ist am 15. Mai.

Alle Kinder sind ______

______

Die Kinder sind ______

______

______

______

Entschuldigung

Lesen Sie und schreiben Sie eine Entschuldigung.

Entschuldigung

Sehr geehrte Frau Weber,
ich bin krank. Ich komme nicht zum Kurs. Entschuldigung.

Mit freundlichen Grüßen
Metin Bahal

Entschuldigung

Suchanzeige

Lesen Sie und schreiben Sie Ihre eigene Suchanzeige.

Suche Arbeit!

Ich bin 36 Jahre alt und spreche Arabisch, Französisch und Englisch. Rufen Sie an!

Tel.: 01543678937

Tasche verloren!

Ich suche meine Tasche. Sie ist klein und braun. Danke für Ihre Hilfe.

Tel.: 01543678937

Verkaufsanzeige

Lesen Sie und schreiben Sie Ihre Verkaufsanzeige.

Verkaufe Fernseher!
Der Fernseher ist gebraucht.
Er ist vier Jahre alt.
Preis: 100 Euro.
Tel.: 01543 678937